AF229116

HENRI V

AU

MONT-SAINT-MICHEL

VISION DE L'AVENIR

PAR J. P.

Ex-Zouave pontifical.

Quis ut Deus?   (APOC.)

O mouvements prophétiques de
mon cœur!   (HAMLET.)

❈

RENNES

T. HAUVESPRE, IMPRIMEUR-LIBRAIRE

4, rue Nationale, 4.

—

1871

HENRI V

AU

MONT-SAINT-MICHEL

—c○○○—

VISION DE L'AVENIR.

> *Quis ut Deus?*
> (Apoc.)
>
> O mouvements prophéti-
> ques de mon cœur!
> (Hamlet.)

Mon cher Auguste,

Emile et moi, nous venons de faire le pèlerinage du Mont-Saint-Michel. C'était une vieille dette du cœur que nous sommes heureux d'avoir payée, et comme zouaves pontificaux échappés aux balles italiennes, et comme volontaires de l'Ouest revenus sains et saufs de plus d'un champ de bataille.

1871

Nous partîmes de Fougères, non sans faire à cette ville de sympathiques adieux. La beauté de ses sites et la grâce de ses habitants nous avaient charmés. De Fougères à Pontorson nous ne trouvâmes rien de particulièrement remarquable. A Pontorson, belle église de style roman, chemin de Croix qui était jadis une merveille ! avant qu'il n'eut été si horriblement mutilé, en 93, par les *Pères de la Patrie*, grands-pères de nos communards ; ruines d'un château qu'habita Duguesclin, sis au bord du Couësnon, perfide rivière :

> Le Couësnon, par sa perfidie,
> A mis le mont en Normandie.

Après avoir passé quelques heures à visiter ces curiosités, nous repartîmes. Le temps était splendide, et le Mont nous apparut bientôt dans toute sa majesté et, comme aurait dit Gœthe, sa grandiosité : Je le saluai comme un compagnon et un ami de mes jeunes ans.

Cœlum non animum mutant, qui trans mare currunt.

Salut, ô Mont riche de gloire. Là, vous trouvez la vieille Gaule avec tous ses mystères, et la vieille France avec le long cortége de ses rois et de ses héros. Rêve divin réalisé par les hommes, page brillante de l'histoire, monument tout ensemble religieux et militaire, lieu théologique faisant comprendre les choses éternelles, *etenim per visibilia illius mundi, invisibilia intelliguntur;* poëme de granit écrit dans la mer, *lapides clamabunt*, et un des *chants épiques* de la France ; le Mont est pour nous tout cela. Il est plus que cela encore. C'est la terre vierge que, jusqu'ici, ne foula jamais le pied de l'étranger, la seule où NOTRE drapeau peut encore flotter en vainqueur. Il y a celle-là, mais il n'y a plus que celle-là. Que saint Michel conserve toujours cette terre de vieille France, ce lambeau sacré de la patrie !

Il fut longtemps d'usage chez nos rois de visiter le Mont, et le comte d'Artois, qui devint Charles X, ne manqua point à cette belle tradition. Si les rois se montrèrent si dévots à saint Michel, il furent suivis en cela par la noblesse et le peuple.

Regis ad exemplar totus componitur orbis.

Et, chose bien digne de remarque, ceux qui s'y montrèrent le plus empressés, sont les mêmes qui ont laissé dans l'histoire un nom plus glorieux et la France plus agrandie. Dans la triste conjoncture de nos affaires présentes, il est permis d'espérer que Celui, qui envoya Jeanne d'Arc à nos pères pour les délivrer de l'Anglais, nous suscitera quelqu'un qui secouera le joug prussien et restaurera toute chose. Non, ce n'est point en vain que tant de sang a été généreusement versé, et j'entends les héros disparus à nos regards, mais toujours vivants dans nos cœurs, mêler leurs voix aux nôtres pour le demander au ciel et à la terre.

Exoriare aliquis nostris ex ossibus Ultor.

O mouvements prophétiques de mon cœur, dirai-je avec Hamlet ! Je le vois déjà avec les yeux de mon esprit et l'esprit de mon cœur, *mente - cordis mei.* Les prophètes l'ont annoncé, les poëtes ont chanté sa naissance et les peuples sont dans l'attente : *La parole est à la France, et l'heure est à Dieu !* Ces grèves le verront entouré de gloire et de magnificence, il viendra à la montagne sainte comme ont fait ses aïeux, faisant reluire dans sa personne la gloire d'une longue suite de rois et de héros, et portant dans sa poitrine *un cœur de père* et dans ses mains *l'épée de la France*. Vous le reconnaissez à ses propres paroles.

Grand comme Charlemagne et Philippe-Auguste, et comme eux toujours vainqueur, pieux et juste comme saint Louis et, comme lui, l'arbitre de l'Europe, chevaleresque comme François Iᵉʳ, aimant le peuple, et roi populaire comme Henri IV (Henri IV second) ; protecteur éclairé des arts comme Louis XIV, *reprenant le grand mouvement national* interrompu à la fin du dernier siècle, c'est-à-dire libéral comme Louis XVI, et clément jusqu'à oublier le plus affreux des crimes, après le déicide ; destructeur de l'islamisme comme Charles X, tel il apparaîtra et tel je le vois déjà.

Sic oculos, sic ille vultus, sic ora ferebat.

Par lui sera écrite la dernière page, la plus belle, des *Gesta Dei per Francos*, par lui Rome sera rendu au Pape et le Pape à Rome, et ceux qui furent à la peine seront aussi à l'honneur ; par lui, l'Alsace et la Lorraine reviendront à la France, et la mère sera dans l'allégresse en embrassant ces nobles enfants, qui furent toujours dignes d'elle, quoique réduits quelque temps à un dur esclavage. Sous son règne, sainte Sophie de Constantinople et saint Paul de Londres verront refleurir le culte antique ; la statue de Voltaire, à Paris, sera remplacée par celle de sainte Geneviève, et celle de Rousseau, de Genève, par celle de saint François de Sales. Grâce au grand monarque, la Pologne et l'Irlande rejetteront leur suaire sanglant, et à sa vue l'ours du Nord fuira vers le pôle, lui qui comptait dévorer l'Europe : *vidit et fugit et conversus est retrorsum...* Par sa main, l'épée de la France brisera le tombeau de Mahomet, et le tombeau du Christ sera enfin délivré ; le Saint-Sépulcre redeviendra le lieu le plus honoré de la terre : *Sepulcrum ejus erit gloriosum.*

Qui peindra jamais toute la beauté et la douceur de son règne ? En ce temps-là, comme dit la sainte Ecriture, Dieu répandra tous ses bienfaits et la terre donnera libéralement tous ses fruits : *Dominus dabit benignitatem et terra nostra dabit fructum suum.* En ce temps-là, le vin coulera des montagnes et le lait et le miel ruisselleront des collines : *In illa die stillabunt montes dulcedinem et colles fluent lac et mel.* La fille de Sion sera dans la joie, et la fille de

Jérusalem tressaillera d'allégresse : *Jucundare filia Sion et exulta satis filia Jerusalem.* En ce temps-là, la France sera l'envie des nations et la reine du monde... *late reginam.* L'âge d'or, prédit par les sybilles et les poëtes, régnera sur la terre :

Novus ab integro sæclorum nascitur ordo.

Comme Auguste, qui ferma les portes du temple de la guerre, ainsi, après avoir fait les guerres les plus heureuses et remporté, par tout l'univers, les victoires les plus brillantes, ce grand roi fera fleurir la paix la plus douce qui fut jamais. Les lettres et les arts, qui brilleront d'un vif éclat, le célébreront à l'envi. C'est alors que couvert de gloire et de lauriers il viendra, humble pèlerin, déposer ses lauriers et sa gloire aux pieds de l'archange saint Michel. O coïncidence heureuse des nombres mystérieux ! Dieu ne fait rien sans nombre. Il est né le jour saint Michel. La fête de l'un est la fête de l'autre, et la fête de l'un et de l'autre est celle de la France.

Voici le fleurdelisé et ses leudes et ses preux ; voici le nouveau Rolland du nouveau Charlemagne, voici le fils de la verte Érin, descendu des rois ; voici ceux que nous connaissons tous. Levez-vous, vieux chevaliers de Saint-Michel, et vous, moines de l'antique abbaye, revêtez vos habits de fête et vos ornements les plus beaux! Portes du Mont, ouvrez-vous, voici le roi de France, le roi de gloire : *A gloria ejus illuminata est terra.* Les cloches joyeuses envoient dans l'espace leurs volées les plus sonores et redisent une chanson des cieux, la mer joint ses applaudissements et son grand orchestre aux mille voix du peuple qui applaudit, les oiseaux du Ciel sont aussi de la fête et le soleil sourit dans un ciel d'azur. Cependant, dans le peuple, je reconnais des parents , des amis et d'anciens compagnons d'armes qui furent, eux aussi, toujours fidèles au vieux sang, fidèles jusqu'au poiut de lui donner le leur. Ils ont semé dans les larmes, mais ils moissonnent dans la joie et dans l'allégresse : *Venientes autem venient portantes manipula sua.* Parmi les plus empressés, je revois Béatrice : *Son io, son io, Beatrice.* Béatrice donne la main à ma mère : Voici, me dit-elle, ce jour que tant de fois je t'ai prédit. » Elle dit, et l'aimable vision s'évanouit comme un rêve. Nous arrivions au sommet du Mont-Saint-Michel. Je ne le décrirai point, cher Auguste, mais en attendant

que tu le viennes visiter, je t'envoie les vers d'un ami
qui le chante, vers pleins de poésie et exhalant le par-
fum des grèves. Ils te seront, je pense, agréables, et
serviront d'ornement à ma prose ; les voici :

Le Mont-Saint-Michel.

—

(Immensi tremor Oceani.)
Devise de l'Ordre de St-Michel.

Ce mont à l'aspect sombre, austère, grandiose,
Ce mont, comme un géant, se dessine à vos yeux
Immuable ; son pied sur les grèves repose,
Et son superbe front semble braver les Cieux.

Deux fois, matin et soir, les ondes menaçantes
Livrent un rude assaut à son flanc indompté ;
Le Colosse se rit des vagues impuissantes ;
Le flot par lui vaincu recule épouvanté.

Le temps comme un torrent qui ronge et qui dévore,
Renverse dans son cours, sceptres, trônes et rois,
Cités et monuments, du couchant à l'aurore ;
Le Géant vit toujours, jeune et vieux à la fois.

Approchez : admirez cette tour immortelle
Qui domine l'abîme, et tous ces clochetons,
Cet ouvrage brodé, guirlande de dentelle
Qui serpente et descend en gracieux festons.

Puis représentez-vous une flèche élancée
Qui couronnait jadis ce travail étonnant ;
Au sommet Saint-Michel à l'armure dorée,
Agitant dans sa main un glaive étincelant.

Oh ! alors à l'aspect du roi de ces rivages,
De ce mont gigantesque, altier, mystérieux
Qui triomphe des flots, des vents et des orages,
L'âme ardente de foi s'élève vers les Cieux.

Oui, près de ce rocher qui se perd dans la nue,
On se sent plein d'amour envers le Tout-Puissant,
Dans un élan du cœur on s'écrie à sa vue :
« Ah ! que je suis petit et que ce mont est grand ! »

Et lorsque d'un songeur berçant la rêverie,
Le vent mêle sa voix au bruit du flot montant,
On dirait un concert d'une douce harmonie,
A l'oreille apporté par un écho mourant.

Pénétrez maintenant sous ces sombres portiques
Ornés de deux canons, des fiers Anglais vaincus ;

Mais en mettant les pieds sous ces voûtes antiques,
Songez que sur vos fronts pèsent mille ans de plus.

F. R.

À la place où, comme chante le poëte, de tous les points de l'horizon apparaissait jadis la statue de

... Saint-Michel à l'armure dorée,
Agitant dans sa main un glaive étincelant,

nous vîmes flotter le drapeau tricolore. Secoué par le vent, il semblait mal à l'aise sur ce sommet, et de ses plis agités j'entendis sortir des voix qui m'émurent. Elles disaient, ces voix, qu'un autre drapeau devait bientôt flotter à la place du tricolore, ici et partout.

Sunt lacrymæ rerum et res quæ mortalia tangunt Pectora.

*
* *

C'est à l'ombre de ce drapeau que la France est devenue la plus forte et la plus belle des nations. C'est pourquoi si elle l'a dédaigné dans un jour de long égarement et de servitude, elle le reprendra au jour du bon sens ; dans ce jour où ayant expié tous ses crimes elle aspirera à la vérité, à la délivrance, à la liberté. *Veritas liberabit nos.* En ces jours, la statue de St-Michel, qui fut détruite au commencement de la Révolution, sera replacée plus grande, plus riche et plus belle qu'elle ne fut jamais. Et ces lieux qui ont trop longtemps ressemblé à l'*Enfer* décrit par le Dante, paraîtront, comme un *Eden*, entre ciel et terre. Sous ces voûtes où retentirent l'injure et le blasphème, où habitèrent la haine à l'œil fauve et la jalousie à la dent de vipère, résonnent déjà des hymnes mélodieux ; les hommes de la prière, du pardon et de la paix remplacent les *misérables*. Cependant la belle et noble salle des chevaliers est encore triste et froide, mais elle reverra ses beaux jours ; l'*Ordre* sera rétabli et je dirais bien quel en sera le premier dignitaire. Mais j'arrive à l'église et au *chœur*.

C'est l'œuvre la plus surprenante, la plus hardie, la plus admirable de tout l'édifice ; devant elle le génie de Vauban se perdait en extase ou pour me servir d'un vers de Brizeux :

Son âme s'envolait en exaltations.

Là fut jadis le *trésor* de saint Michel, riche sur-
tout en œuvres d'art.

Les arts pour l'Eglise sont le vrai trésor et ce ne
sont point Raphaël et Michel-Ange, et Mozart et Murillo, qui viendront me démentir. La révolution fran-
çaise, aussi ennemie des arts que le diable est
l'ennemi de saint Michel, le dispersa à tous les
vents. Pie IX est, croyons-nous, le premier qui ait
commencé à le restaurer. D'autres dons viendront
peu à peu s'ajouter à ceux de ce grand pape et, un
jour, on verra une série de tableaux représentant
les actes les plus glorieux du pontificat de Pie IX et
aussi don du Pape-Roi — don vraiment royal et pa-
pal — l'original du tableau du *Guide saint Michel
terrassant le dragon*, et tel sera le nouveau *Trésor de
saint Michel.*

Mais pour payer en roi un si riche cadeau, Il en-
verra en retour à Rome, avec le consentement du
peuple, le chef-d'œuvre de la peinture espagnole,
qui se trouve aujourd'hui au musée du Louvre, et
Murillo sera placé près de Raphaël et du Dominiquin,
dans cette petite chambre, petite si vous regardez le
nombre des tableaux qu'elle peut contenir, mais plus

grande que le plus grand des musées si vous considérez les chefs-d'œuvre qui y resplendissent si beaux qu'on les dirait faits de lumière et d'amour : *la Transfiguration*, *la Madone de Foligno* et *la Communion de saint Jérôme*.

Ils n'ont d'autres fins que la lumière et l'amour.

O heureux Raphaël ! heureux Dominiquin, toujours vivants près de Saint-Pierre et du Pape ! Oh ! que vous êtes bien là : *bonum est hic esse...* Mais pendant que mon esprit se délecte à parler de ces grands peintres et que je me crois encore au Vatican, dans cette divine *stanze*, je ne puis oublier qu'à quelques pas de la *Transfiguration* est le *Golgotha*... S'il était là avec ses Francs !...

C'est à toi, cher Auguste, que j'adresse ces lignes, comme étant mon compagnon d'armes et le meilleur comme le plus cher de tous mes amis.

Eodem animo scripsi quam bellavi.

J. O.

Rennes, ce 12 octobre 1871.

Rennes. — Imp.-lib. T. Hauvespré, rue Nationale, 4.